1. Auflage 1987
Scheuble & Baumgartner
Verlag für Reiseliteratur
Elbestrasse 28-29
D 1000 Berlin 44
Tel. 030/623 96 13
in Zusammenarbeit mit
Editions Temps de Pose
12, rue de Sévigné
75004 Paris

ISBN 3-924852-19-7

TIBET

Fotos
Pierre TOUTAIN

Text
Pierre JOFFROY

Scheuble &
Baumgartner

Das Königreich des reinen Wassers

Der Yandrok-See liegt beinahe 5 000 m über dem Meerespiegel. Dies ist das Reich von Lu, dem Wassergeist.

Wacholder für die Götter

Eine Pilgerfamilie bietet den Geistern Rauch an, der auch als Gebet gilt

Die Frau des Kriegers

Die von den Chinesen ungezähmten Gebirgsbewohner Khampas haben Frauen mit hellem Lächeln, jedoch undurchdringlichen Gesichtern.

Widerstand

Ich komme von der Festung des Klosters der Zehntausend Bilder in süd-östlicher Richtung herunter (ich bin eine Woche lang am Brahmaputra nach Westen gelaufen, dann südlich Richtung Indien) und bleibe mit anderen Touristen die Nacht über in Tingri.

Tingri liegt hoch, ist kalt und ungemütlich: eine ehemalige, nicht gerade saubere Kaserne der chinesischen Himalayagarnison. Von Spinnen gepeinigt krieche ich aus meinem Bettzeug und schlendere mit einer Taschenlampe zwischen den Baracken, Latrinen und (ausgetrockneten) Wasserbehältern umher. Plötzlich Schritte und Fingerschnelzen. Welcher Schlaflose tut es mir da gleich? Ein Deutscher aus dem Bus aus Hamburg? Ein nächtlicher Drachenflieger der amerikanischen Everest-Expedition? Ich richte die Lampe in seine Richtung: an der Kantinenecke beobachtet mich lächelnd ein junger Tibeter, einen Finger auf den Lippen. Vor welchem Geräusch sollte man hier Angst haben? Der Tibeter ist westlich gekleidet: Jeans, Anorak und Turnschuhe. Er bedeutet mir, ihm zu folgen. Gut.

Hier in Tibet bin ich derjenige, der mit dem Finger auf den Lippen ebenso einverstanden ist wie mit aneinandergelegten Händen oder Beinen in Lotusstellung.

Am Campausgang stoßen zwei weitere Tibeter zu uns. Unter dem Sternenhimmel steigen wir zu einem milchigen Talkessel auf. Friedliche Stille. Unter uns nehme ich an den klaren Stellen die Landschaft wahr, tibetische Häuser, die rund um den Gebetsstamm gebaut sind, malerisch geschmückt mit bunten Gebetsfahnen. Riesige, gespenstisch anmutende Yaks schlafen stehend auf dem Gras der Abhänge. Barmherzig passen die Tibeter ihren Schritt dem meinen an. Sie wissen oder sie spüren zumindest, daß ich müde von der Reise bin, erschöpft, sozusagen außer Betrieb, und daß ich bitter bereue, mich tugendhaft zurückgehalten zu haben, als mich vor dem sehr heiligen Jokhang auf dem Hauptplatz in Lhasa ein etwas nervöser Mönch beiseite nahm und mir im Faltenwurf seiner roten Kutte ein paar kraftschenkende Pilze zeigte...

Nach einer Viertelstunde kommen wir zum Eingang einer mit einer Brettertür verschlossenen Höhle. Bevor er sie öffnet, richtet der erste Tibeter den Lichtstrahl der Lampen auf sein Gesicht:

– Erkennen Sie mich? Nein?... *Bullshit!*

Er spricht Englisch (ein etwas ordinäres Englisch, wahrscheinlich von wütenden Touristen aufgeschnappt), schürzt die Lippen, überlegt, hebt plötzlich die rechte Hand, den Daumen nach oben, und schreit: ›*Tibet!*‹.

Plötzlich erinnere ich mich: in Lhasa, in einer Gasse der Altstadt habe ich vor ein paar Tagen gesehen, wie ein Junge die gleiche Geste machte und diesen Schrei zu unserer westlichen Reisegruppe hinüber schickte, um dann in der Menge zu verschwinden. Ein Widerstandskämpfer! Ich habe ihn nicht wiedergefunden. Er hat mich wiedergefunden und wenn er mich wiedergefunden hat, dann, weil er mich suchte. (Dieser Schluß erscheint mir hier in 4000 m Höhe und bei dem eisigen Sauerstoffmangel, der mich mit weit geöffnetem Mund zuhören läßt, logisch.)

– Ich bin Kämpfer der 'Geheimorganisation der Drei Provinzen'. Unser Netz hat Sie seit den Zehntausend-Bildern im Auge behalten. Wir kennen ihre Sympathie für die tibetische Sache. Wir wissen auch, daß Sie ein nach Wundern besonders ausschauender Abendländer sind. Wir haben beschlossen, Sie in beiden Punkten zu befriedigen. In wenigen Sekunden werden Sie hinter dieser Tür dem größten Widerstandskämpfer Tibets begegnen, denjenigen, an dem alle Invasionen scheitern, immer scheitern werden...

– Der Dalaï Lama? Aber der ist doch in Indien!

– Er ist es nicht. Der sich hier in der Grotte befindet, ist der Kämpfer des Widerstands im Inneren.

– Wer ist es?

– Fragen Sie ihn.

Sie schieben mich in die Höhle, zwei von ihnen begleiten mich; der dritte bleibt als Wache draußen zurück. Zuerst ist es dunkel. Ganz hinten flackert ein kleines Licht. Rechts steht an der Felswand ein hölzener Waschzuber, in dem sich ein schlafender oder meditierender uralter Asket mit weißen, durch eine rote Schnur zusammengehaltenen Haaren befindet. Ist er es? Sie stoßen mich weiter. *Look forward!* Eine Lampe beleuchtet ein breites und hohes Möbelstück, hinter dem sich, sitzend oder stehend, jemand befindet.

Der seltsam kegelförmige Kopf dieses Jemand berührt die Wölbung. Meine Tibeter legen ihre Fackeln auf Mauervorsprünge, lenken den Lichtstrahl auf ihn: ›der Widerstandskämpfer‹ trägt eine fahlrote Kapuze, die seinen gesamten Oberkörper bedeckt.

– Ich freue mich, Sie zu sehen, sagt er in fremdartig gefärbtem Französisch und mit einer leisen, wenig harmonisch und fast mechanisch klingenden Stimme, die aber doch so kräftig ist, daß sich seine Kapuze wie ein Segel bläht und ich den Duft von Moschus wahrnehme.

– Entschuldigen Sie, daß ich Ihnen nicht die Pfote reiche...

Dieses Wort hätte mir ein Hinweis auf die wahre Natur meines Gegenübers sein müssen, aber in meiner Atemlosigkeit und auch meiner Erregung... Ein Schemel wird hinter mich geschoben; die Tibeter hocken sich auf den Boden. Was sagen?

– Sprechen Sie Französisch?

Der Buddhismus verbietet die Traurigkeit.

– Englisch, Chinesisch, Hindi, Russisch, Mongolisch und etwa zehn zentralasiatische Dialekte. Ich habe immer genug Zeit dafür gehabt. Für das Französische ist Frau Alexandra David-Neel meine große Referenz, aber lange vor ihr hatte ich bereits gute Beziehungen zu einigen von Ihren Landsleuten, die Pater Huc und Gabet...

– Beziehungen! rief ich aus, belustigt über die Ungenauigkeit der Begriffe, aber Huc ist ein Mann, der um 1845 herum schrieb!

Keine Antwort. Der Widerstandskämpfer spricht mit meinen beiden Begleitern, dann:

– Für unsere Freunde werde ich zwischendurch das Wesentliche unserer Unterhaltung zusammenfassen. Es ist gut, wenn sie etwas davon wissen.

– Sehr schön... Ich möchte Ihnen als erstes eine Frage stellen: ich kenne Sie nicht, ich kann Sie also nicht wiedererkennen, außerdem verlasse ich Tibet morgen, warum haben Sie sich in diese alptraumartige Kapuze gehüllt?

Ich höre ihn hinter seiner Maske atmen:

– Um Ihnen einen noch größeren Alptraum zu ersparen. Nähme ich sie ab, würden Sie tot umfallen. Sie wären für das Interview nicht mehr zu gebrauchen, das erste und vielleicht einzige Interview, daß ich auf Bitte der ›Kämpfer der Geheimorganisation der Drei Provinzen‹ hin bereit bin, einem Abendländer zu geben, das erste, seitdem man von mir spricht, seitdem man mich jagt, um mich zu sehen oder meinen Skalp zu bekommen, meinen ab-scheu-li-chen Kopf...

– Oh! Nein!... Sie wollen mir doch nicht erzählen, Sie seien...?

– Ich bin genau der, den Sie sich gerade erdachten.

– Der Yeti!... Unmöglich!... Wahnsinn!... Der Yeti spricht doch nicht Französisch! Er spricht überhaupt nicht! Er stößt nur kurze und knappe Laute aus! Er pfeift! Er ist kein Widerstandskämpfer! Er empfängt doch nicht die Presse! Außerdem existiert er überhaupt nicht!... Und, na schön, da haben Sie mich drangekriegt... Sehr schön, bravo... Jetzt können Sie die Maske fallen lassen, der Spaß hat geklappt.

– Brauchen Sie eine Demonstration?

Unter der Kapuze ertönt ein kurzer Pfeifton. Hinter mir höre ich Lärm: der Eremit ist von seinem Holzzuber aufgesprungen, ist über ihn hinweg gesprungen und liegt jetzt in seiner ganzen Länge vor dem Wesen mit der Kapuze, die Arme zu ihm hin gestreckt, rezitiert eine Lobpreisung der ›Acht Furchterregenden Göttlichkeiten‹, dann kehrt er, ohne mich anzusehen, ohne mich überhaupt wahrzunehmen, wieder teilnahmslos in seine Kiste zurück.

– Verlieren wir keine Zeit, sagt der Yeti, während die Tibeter vier Schalen mit Bier auf den Tisch stellen und aus einem

Weihrauch und Wacholder verbrennen ist auch ein Gebet.

Kupferkrug schäumenden *Tschang* eingießen. Haben Sie Ihre Fragen?

1000! 10 000! Nur fällt meinem plötzlich blockierten Computer keine einzige ein.

– Ich... Sie... Man müßte... Es scheint mir... Ja... Sie sind...?

Yeti: – Kolossal.

– Ah ja... Aber vielleicht... Sind Sie im Stehen....?

Der Tibeter mit dem erhobenen Daumen schlägt mir aufs Knie:

– Übertreiben Sie nicht. Die Grotte ist zu niedrig. Haben Sie seine Hände gesehen?

Ich schaue sie mir an: Seine Pfoten stecken in 40 bis 50cm langen Fausthandschuhen... Ich kämpfe immer noch mit meiner Unwissenheit:

– Ja, ja, ich sehe es, machen Sie sich keine Sorgen... Wie alt sind Sie denn?

Yeti: – In der Jugend sind wir nicht unreif. Im Alter sind wir nicht gebeugt. Wir sterben plötzlich und kommen sofort in eine andere Hülle. Wir haben kein Grab auf Erden.

Diese ungenaue Antwort entspricht meinen belanglosen Fragen. Inzwischen sind in meinem Computer wieder ein paar Stromkreise geschlossen:

– Ist 'Yeti' Ihr richtiger Name oder...?

Yeti: – Yeti ist Nepalisch. Die Mongolen sagen Almas, die sibirischen Jakuten Tschuschuna. Die Tibeter nennen mich Migu. Aber das sind alles nur Artenbezeichnungen. Ich haben keinen Eigennamen... Sagen Sie Monsieur, Sir oder Herr.

– Sind Sie der einzige Yeti, *Sir?*

Yeti: – Wir sind etwa zwei Dutzend im Pamir und im Himalaya (Ladakh, Nepal, Sikkim einschließlich Bhutan), ein oder zwei Paare im Hubei (Zentralchina) und ein alter, als Feinschmecker bekannter Einzelgänger in Sechuan (Westchina). Aber im Bereich Tingri, hier am Mount Kailash, bin ich der einzige.

– Sind Sie nicht, äh, verheiratet?

Yeti: – Ich habe kein Eheleben und übrigens auch kein Sexualleben. Deshalb geht es mir so gut, zum Wohle Tibets und aller Lebewesen überhaupt.

– Eben, eben... Wenn Sie gestatten... Ich habe gelesen, daß Sie, ich meine: Ihre Angewohnheit, Sherpas zu entführen, Männer oder Frauen, um sie zu, äh, Ihren Sexualpartnern zu machen.

Yeti: – Warum nur Sherpas? Ihre Zeitungen sind zu wohlwollend. Vor zwei Jahren hat ein Blatt aus Kanton gedruckt, eine meiner Artgenossinnen hätte einen nomadisierenden Schäfer entführt und ihn dazu gezwungen, ihr zwei Kinder zu machen (der Unglückliche hätte fliehen können), und daß ein männlicher Artgenosse mehrere Menschen zehn Jahre lang in seiner Grotte festgehalten hätte, bevor er von Bauern oder Milizsoldaten getötet wurde... Nichts davon wurde jemals bewiesen. Nichts! Niemals! Bei dieser Diffamierung sind sich alle einig: die Amerikaner, die Russen, die Chinesen - rührige Journalisten, verrückte Halbwissende. Erbringen Sie doch den Gegenbeweis: Gehen Sie zu diesem Volk, erzählen Sie von mir, dann werden Sie schon sehen, Sie werden feststellen, daß man uns verehrt, uns, die Migus, denn wir beschützen verirrte Seelen, verletzte Bergsteiger, hungernde Eremiten; der dort hinter uns in seiner Meditationskiste, glauben Sie, er hätte mir seine Grotte geliehen, um Sie hier zu empfangen, wenn ich eine blutrünstige Kreatur mit zügellosen Instinkten wäre...?

Stille. Ich verspüre so etwas wie Bedauern, eine leichte Verwirrung in meinem Kopf: wieder ist die Welt um einen schelmischen Wilden ärmer... Er errät meine Gedanken: Er brummt, seine Stimme wächst, wird gefährlich laut.

Yeti: – Wäre es Ihnen lieber, wenn ich so wäre? (Erneute Stille) Es stimmt, daß ich, wie alle unvollkommenen Wesen, auch essen muß. Als Allesfresser könnte oder müßte ich auf tierische Proteine verzichten. Aber wenn mein ganzer Erntebereich von Schnee bedeckt ist, wenn es vom Mansarovar bis zum Tsomotretung keine Wege, kein Früchte und keine Gebirgsbäche mehr gibt, glauben Sie, ich könnte dann die guten Menschen in den Tälern um etwas von ihrem süßen *Tsampa*, ihren wundervollen *Momos*, ihren *Tupas* oder vielleicht sogar um eine Schale dieses göttlichen Bieres bitten? Dann muß ich doch hier oder dort einmal auf ein Tier springen und mich daran laben. Ihr anderen baut mit weit weniger Berechtigung riesige Parks mit Kühen und Schafen, aus denen Ihr dann seelenruhig Millionen von Lebewesen herausholt, die Ihr auf Lastwagen werft und zum Schlachthof bringt. Euer System hat Euch übrigens vollständig verdorben: Ihr habt es soweit gebracht, daß Ihr es schon genauso mit Euren eigenen Artgenossen treibt, Ihr tötet sie und beraubt sie dann ihrer Haare, ihrer Zähne, ihrer Kleidung und anderer nützlicher Gegenstände... Dieses Übel, Herr Joffroy, wäre bei uns undenkbar, nicht bei den Migus! Und ich füge noch eines hinzu: Wenn ich unglückseligerweise einen Mord an meinem Bruder Hase oder meiner Schwester Antilope begehe, dann versäume ich nie, so groß mein Appetit auch sein mag, ein kurzes Gebet an Djampa-Maitreya, den Buddha der künftigen Zeiten, zu richten, damit sie zu einer schnellen und besseren Reinkarnation kommen. Es kommt auch vor, daß wir, wenn ich sie vierteile (so gehe ich immer vor), mit feuchten Augen einen Blick voller gegenseitigem Mitgefühl wechseln, ich, weil ich ihnen plötzlich ihr armes Leben nehme, sie, weil sie wissen, daß ich mein *Karma* unweigerlich mit einem schweren Fehler beflecke, während ich sie hinunterschlucke.

– Sie sind also Buddhist, *Sir?*

Yeti: – Vom Maul bis zu den Krallen. Der Meister hat gesagt: 'Denjenigen, die Gedanken wie Affen haben, werde ich den reinen Strahl des Lichtes senden: die Erkenntnis, die zum Schmerz führt.' Ich habe weit mehr als die 100 000 Demütigungen bezogen und weit mehr als die 100 000 Gebete der Zuflucht-in-Buddha gesprochen... Ich habe keine Affengedanken mehr!

– Wenn Sie also an die Reinkarnationen glauben, möchte ich Ihnen folgende Frage stellen: Welche Widerwärtigkeiten in einer früheren Existenz haben dazu geführt, daß Sie heute das sind, was Sie sind?

Yeti: – Wenn Sie ahnten, wer ich war! Aber ich will nicht mehr daran denken! Die Tragödie meines Lebens hat sich in der Geschichte verflüchtigt... Sagen wir, ich habe mein Möglichstes getan (mein Möglichstes war enorm), um alles zu töten. Das Ergebnis war, daß ich in eine Unzahl elender Existenzen hinabgestürzt wurde. Doch durch Verdienste und in weniger als 15 Jahrtausenden hat sich mein *Karma* langsam wieder gebessert; ich erlangte den Status eines Migus, der die letzte Etappe auf dem Weg zur Menschwerdung ist (die Vorfahren der Tibeter waren Affen, die dank der Intervention des Gottes Tschenrezig, des Buddhas des Mitgefühls, ihren Schwanz verloren und Gerste anbauen konnten). Wahrscheinlich werde ich bei meinem nächsten *Auftritt* Mensch. Das ist ein wunderbares Ergebnis für jemanden, der von so weit unten kommt wie ich . Aber ich zögere noch. Manchmal bin ich versucht, hier oder da eine winzige Liederlichkeit zu begehen, eine kleine Gemeinheit, durch die alles noch etwas aufgeschoben würde... Ich möchte noch etwas Zeit haben, bevor ich Mensch werde und so bessere Chancen haben, es wirklich voll und ganz zu sein. Wissen Sie, es ist schwierig, die Position als Mensch auch beizubehalten, viele fallen wieder in das Tierische zurück. Einer meiner Höhlenkameraden, der 957 frühere Leben hatte (er war insbesondere *Fara*, ein kleines Säugetier, das sich boshafterweise im After von Kühen und Pferden festsetzt und ihnen die Innereien zerfrißt, später dann barmherziger Erdwurm, edelmütige Laus, mitfühlende Kröte, treuer, wenn auch streunender Hund und schließlich Migu), hat letztendlich seine menschliche Inkarnation erlangt: Wissen Sie, was aus ihm wurde? Adolf Hitler!... So weit ich weiß, ist er jetzt Wanze in einer österreichischen Matratze; seit 40 Jahren ist er jetzt schon Wanze, aber, glauben Sie mir, als Insekt ist es schwierig Verdienste zu sammeln. Es wird eine ungeheure Vielzahl an Epochen dauern, bis er wieder zur Menschheit zurückkehren kann. Es kommt vor, daß ich für seine zukünftigen Metamorphosen bete; es würde mich schon freuen, wenn er wenigstens Löwenzahn oder ein Pflänzchen in der Graswüste von Tschang Tang werden könnte. Er liebte die Natur so sehr, mein Kamerad.

– Was sagen Sie da, *Sir!* Dieser Abschaum der Menschheit verdient überhaupt keine Inkarnation!

Yeti: – Dann wäre er im *Nirwana*... Das wollen Sie doch auch nicht, oder? Der Meister hat gesagt: 'Nichts kommt der vollkommenen Doktrin gleich. Niemand kann ihr Eigentümer sein und sie vergeben, aber jeder kann die nötigen Anstrengungen unternehmen, um sie zu besitzen.'

– Ich beuge mich. Ihre Gedanken sind weitreichender als meine, *Sir.* Der Welt wäre viel gedient, wenn sie die Dinge vom Standpunkt eines Yetis aus betrachten könnte.

Ab und zu sehe ich, wie die Pfote meines Gegenüber unter

die Kapuze gleitet, er scheint etwas in seiner Mähne zu suchen. Erhobener Daumen flüstert: ›Flöhe. Er kann sie nicht töten, denn dann würde er sie ja essen; er muß einen nach dem anderen fangen und sie wegwerfen. Das versuchen Sie mal mit Fausthandschuhen...‹

– Ah ja, er wirft sie weg... Verstehe, verstehe... *Sir*, gestatten Sie mir, mit dem zweiten Teil unseres Interviews zu beginnen. Ihre Freunde aus Lhasa haben mich hierher gebracht, weil Sie der wichtigste Widerstandskämpfer Tibets seien....

Yeti: – Stimmt nicht ganz. Unser bedeutendster Widerstandskämpfer ist in Dharamsala, in Indien. Es ist Seine Heiligkeit, der Dalaï Lama, der kostbare Beschützer, Besitzer des Lotus, Allwissende, das vollkommene Ganze, die Gegenwart, strahlende Sonne, der Ozean der Weisheit. Meine Rolle ist geringer, in seinem Schatten bin ich die innere Anregung, das Symbol unseres Widerstands.

– Wie geht Ihr Widerstand vor sich? Greifen Sie die Chinesen an, lassen Sie ihre Züge entgleisen?

Schweigen.

– Es gab nie einen Zug in Tibet..., sagt Erhobener Daumen. Das hätten Sie sich doch denken können. Unsere Besatzer haben sogar mit dem Bau der Linie aufgehört, die den Westen ihres Landes mit unserem verbinden sollte. Und was die Straßen angeht, müssen Sie wissen, daß das erste Auto in den 50er Jahren auf Kamelrücken hier ankam... Es ist richtig, daß die Besatzer einige strategische Wege für ihre Verbindungen gebaut und Garnisonen, Flughäfen und Raketenbasen in diesem Land errichtet haben.

Yeti: – Kunsang hat den Rahmen abgesteckt. Das können *wir* angreifen - und *ich* greife es nicht an.

– Ich kann Ihnen nicht recht folgen.

Yeti: – Das ist ein metaphysisches Problem. Die Kämpfer der ›Drei Provinzen‹ oder des ›Drachentigers‹ benutzen Bomben und Gewehre. Das ist ihre Angelegenheit, nicht meine. Sie sind die mögliche Gewalt Tibets, ich bin die sichere Gewaltlosigkeit. Unser Land hat einen fundamentalen Widerwillen gegenüber der Gewalt; es hat dieser Schweinerei abgeschworen, seitdem es die Schönheit des Buddhismus verstanden hat. Vor zehn oder zwölf Jahrhunderten waren die Tibeter ein Volk des Kampfes, das selbst dem Kaiser von China Tribut abverlangte. Und dann kamen aus Indien Heilige Lehrer: Bogen und Lanzen entglitten unseren Händen, wir schickten nur noch die viel spitzeren Pfeile der *Sutras* und der *Mantras* gen Himmel; ein Drittel unserer Männer wurden Mönche, das Land wurde mit Tempeln, Klöstern und Eremitagen überzogen. Noch heute, wo die chinesischen Besatzer fast alle zerstört und die Mönche verjagt haben, herrscht der Geist des Friedens auf tibetischer Erde über unseren Zelten und Häusern. Er erfüllt die Seele eines jeden Lebewesens, Seine Heiligkeit, den Dalaï Lama, und den Kostbaren Weisen der Provinz Tsang, den Pantschen Lama, der leider dazu gezwungen wurde, in Peking zu residieren, ebenso wie unsere einfachsten Hirten und Bauern oder unsere armen Lamas, die das Desaster überlebt haben, sogar unsere Berge, die an ihren Abhängen in steinernen Lettern die sechs Silben des Friedens tragen: *Om Mani Padme Hum*, Heil o Juwel der Lotusblüte.

– Mir ist immer noch nicht Ihre genaue Rolle im Widerstand klar...

Yeti: – Glauben Sie, es sei nichts, eine Legende zu sein?

– Das sage ich nicht, aber...

Yeti: – Ich verkörpere!

– Was, *Sir?*

Yeti: – Das alte Land! Als Migu gehöre ich mit Körper und Seele zur tibetischen Kultur, ich bin deren Legende. Als die Eroberer 1949/50 hierher kamen, wollten sie das alles abschaffen, nicht nur unser sicherlich etwas überkommenes Feudalsystem, sondern auch uns selbst, die ›Barbaren‹ aus dem Westen. Sie nannten uns das ›Land der Phantome‹. Sie haben uns leicht besiegt und annektiert, indem sie uns zu Chinesen erklärten. Seine Heiligkeit mußte jenseits der Berge ins Exil gehen. Er wußte, was geschehen würde: Sein Vorgänger, der 13. Dalaï Lama, der selbst schon vor den Engländern und den Chinesen geflohen war, prophezeite kurz vor seinem Tod Schreckliches: 'Der Feind wird die Tibeter zu Leibeigenen und Sklaven erniedrigen. Sie werden in eine harte Knechtschaft gezwungen werden. Alle werden ausnahmslos Leiden und Ängsten ausgesetzt werden. Die Schrecken werden zahlreich und unerträglich sein. Die Tage werden lang, die Nächte noch länger sein'. Und alles ist haargenau so eingetroffen, von unserem Volksaufstand 1959 bis zum Ende ihrer Kulturrevolution 1976. Ich habe hier einige Zahlen: 432000 Tote bei den Rebellionen, 156 000 Ermordete, 92 000 Hingerichtete, 173 000 im Gefängnis oder in Arbeitslagern Gestorbene, 342 000 Hungertote, 9 000 Selbstmorde. Ich spreche noch nicht einmal von der Zerstörung von 80% unserer Denkmäler und Kunstwerke, vom Verbot der tibetischen Sprache, von der wirtschaftlichen Ausbeutung des Landes, von der Besiedlung mit Menschenmassen aus China. Das Ergebnis davon haben Sie vom Norden bis zum Süden sehen können.

– Ich habe es gesehen.

Yeti: – Die Besatzer haben ihr *Karma* umsonst belastet. Während der Katastrophe blieb der tibetische Widerstandsgeist intakt. Das ganze Land fuhr damit fort, zum Wohl der Lebewesen zu wirken, den Dalaï Lama zu verehren und auf seine Rückkehr in den Potala auf den Löwenthron zu hoffen. Ja, mein Herr, Seine Heiligkeit ist immer noch präsent - und ich auch! Sie haben es nicht geschafft, mich zu entwurzeln: Sie hätten gerne gehabt, daß ich nicht existiere, aber ich existiere, und ihre Zeitungen sprechen unaufhörlich von mir, auch wenn sie mich verleugnen. Ich bin ein ›Phantom‹, das nichts von seiner gefährlichen Transparenz verloren hat. Westlicher Schreiber, ich sage Ihnen: Solange Seine Heiligkeit und der Migu in den Köpfen des Volkes leben, ich sage Ihnen, ich sage es Ihnen im vollen Ernst, so lange wird Tibet leben. Und eines Tages wird es mit Hilfe der Furchterregenden Gottheiten frei und unabhängig sein.

– Und mit uns! sagt Erhobener Daumen. Vergessen Sie uns nicht, ehrenwerter Gewaltloser...

Yeti: – Und mit Euch auch, bedauernswerte Gewalttätige...

Hier wie überall ist der Kult eine Einkommensquelle.

– Es gibt etwas, *Sir*, daß ich mir nicht erklären kann. Ich sehe Sie, wir alle sehen Sie: Wie ist es möglich, daß Sie bis zum heutigen Tag kein Abendländer wahrnehmen konnte?

Yeti: – Sie beobachten, Sie vermessen, Sie vermuten, aber das Offensichtliche sehen Sie nicht. Während der ganzen Jahre, in denen Ihr Eure Seilschaften in unseren Himalaya geschickt habt, habe ich Zeichen gegeben, ich habe gerufen, ich habe absichtlich überall meine großen Abdrücke hinterlassen. Ihr habt wahre Sammlungen davon! Vergeblich: Keiner von Euch war je in der Lage, mich zu sehen... Ich habe über diese Merkwürdigkeit nachgedacht und festgestellt, daß das Gedächtnis bei der Suche nach dem Migu von größter Be-

deutung ist, aber ein Gedächtnis, das durch den heiligen Charakter dessen, was es enthält, selbst heilig ist, verstehen Sie? Alle diejenigen, die mich sehen konnten, alle ohne Ausnahme, kennen lange Abschnitte unserer großen Bücher *Kagyour* und *Tangyour* auswendig...

– Aber ich sehe Sie doch, und dabei kenne ich kein einziges dieser Werke!

Schweigen.

Yeti: – Sind Sie sicher, daß Sie mich sehen? Oder mich gesehen haben? Unser *Tschang* verwirrt vielleicht Ihren Geist?... Oder, (er sieht mich plötzlich ganz scharf an, was umso frappierender ist, als er Unmengen von Bier getrunken hat) haben Sie vielleicht in einem anderen Leben die 108 Bände des *Kagyour* oder die 225 des *Tangyour* gekannt? Werden Sie sich dessen bewußt, ich bitte Sie, und singen Sie...

– Wie sollte ich? Ich bin erschöpft, dieses Land hat meine gesamte Energie aufgezehrt...

Yeti: – Es wird Ihnen neue schenken. Rezitieren Sie!

– Ich bitte Sie, *Sir!* Warum hätte ich ausgerechnet den *Kagyour* kennen sollen oder den ...?

Yeti: – Das sind nicht die einzigen Texte, die bei der Suche nach dem Yeti helfen. Es gibt auch noch das Epos des 'Königs Gesar von Ling', das längste Lied der gesamten Menschengeschichte. Die kleine Yumei, eine Schäferin von den Weideflächen im Norden, sagt es gerade für die chinesische Ausgabe auf; sie hat schon etwa zehn Bände auf Kassetten aufgenommen (das sind 400 Bänder à 60 Minuten: mehr als 3 Millionen Wörter) und sie ist noch nicht fertig: Sie muß noch die anderen 60 Bände diktieren, die sie im Kopf hat. Ich weiß nicht, ob sie mich gesehen hat, aber sicher ist, daß sie mich sehen kann, wann immer sie will, sie ist soweit... Fassen wir zusammen: Die einzige westliche Expedition, die eine reelle Chance hätte, mich zu sehen, müßte aus bekehrten Buddhisten und gelehrten Künstlern bestehen, die zumindest ein Viertel des 'Gesars' auswendig können.

– Ich persönlich, *Sir*, bezweifle, daß so bedeutende Firmen wie General Motors oder ITT, Pater Dodu oder Fleury-Michon spirituell dazu bereit sind, eine aus Eingeweihten und Schäferinnen bestehende Karawane zu sponsern, die auf den Himalayapfaden Hymnen rezitiert. Um auf den Widerstand zurückzukommen: Sie sagten, daß Sie nicht direkt gegen die Chinesen handeln. Aber sind Sie nicht, ohne den Gedanken der Gewaltlosigkeit zu verletzen, doch ein Verbindungsagent zwischen den Gruppen? Ihre physischen Fähigkeiten, Ihre Leistungskraft...

Erhobener Daumen interveniert in einer Mischung aus Lachen und Entrüstung:

– Also wissen Sie!... Ein so großes, so weitblickendes Wesen!... Das ist ein Denkmal. Man schickt doch kein Denkmal in den Untergrund!

Yeti: – Beruhige dich, Kunsang... Unser Gast und du, ihr habt die gleiche Wahrheit: ich bin kein Verbindungsagent im eigentlichen Sinn, aber ich stelle doch eine Beziehung religiöser Art zwischen den beiden Seiten des Berges her: ich bringe der tibetischen Exilregierung in Dharamsala vor der Zerstörung gerettete Kunstgegenstände und Bücher und auf dem Rückweg nehme ich körbeweise Photos von Seiner Heiligkeit mit. Aber wohlgemerkt, ich gehe nie in die Stadt hinunter. Die Besatzer würden Panzer und Flugzeuge auf mich hetzen!... Das ist ihre King-Kong-Mentalität.

– Haben Sie den Film gesehen?

Yeti: – Die erste Schwarz-Weiß-Fassung, eines Abends in einem Basiscamp von Europäern, die den Gaurisankar ›erobern‹ wollten. Sie benutzten ihr Zelt als Leinwand und dachten dabei ganz offensichtlich an mich. Es hat ihnen kein Glück gebracht: Am nächsten Tag verloren sie einen Mann, den ich, ohne die Vier Edlen Wahrheiten zu verletzen, am Fuß des Gletschers, auf dem er landete, verspeist habe. Einmal mehr konnte ich feststellen, wie sehr die Erziehung den Menschen beeinflußt. Wenn den Tibetern ein ähnlicher Unfall widerfährt, dann spürt man unter den Zähnen ihr Gehirn wie Pergament knacken; es ist durch ihr wundervolles Gedächtnis stark, während diese da, die Europäer, lediglich ein gummiartiges Gehirn haben, wie Katzenlunge. Da fehlen einfach 2 oder 300 000 Zeilen der *Sutras* oder der *Jatakas*.

– Haben Sie auch Chinesen verspeist?

Yeti: – Wenn sich die Gelegenheit bietet, irgendein Sturz, würde ich natürlich zugreifen. Aber nicht, wenn ich töten muß... Meinen Sie, ich könnte Chinesen mit umso größerem Appetit essen, da ich sie hasse? Da täuschen Sie sich aber gewaltig. Wir Migus sind aus tiefstem Herzen sinophil und nur aus Notwendigkeit sinophob. Die Chinesen können sich bessern, können ihren Sturz im Karma überwinden; es gibt auch schon Vorzeichen: Die Situation in Tibet ist in letzter Zeit erträglicher geworden, einige Klöster werden wieder aufgebaut, die Lamas werden weniger verfolgt, die tibetische Sprache wird wieder unterrichtet... Der Tag ist vielleicht nicht mehr weit, an dem unsere Besatzer wieder zu Menschen werden. Welch ein Fest für diese Erde! Und für uns Migus! Stellen Sie sich vor, das chinesische Volk hat einen Riesen an den Ursprung seiner Dynastien gestellt. Einen Riesen! Und seine Sensibilität übersteigt manchmal alles Erhabene; einer seiner 326 Kaiser, ein Tchou aus dem Westen, der Mürrische genannt, konnte auf dieser Welt nur eines ertragen: das Geräusch der Seide, die eine gewandte Konkubine an seinem Ohr zerriß - mehr oder weniger schnell, mehr oder weniger weit entfernt, in mehr oder weniger Höhe, in Geweben dieser oder jener Art (Brokat, Lampas, Surah, Crêpe), aus dieser oder jener berühmten Stadt. Welche einzigartige, unerhörte Konzeption, von der man leider nur die Erinnerung zurückbehalten hat. Aber die Nation, die sich an die zerrissene Seide eines Kaisers erinnert, ist eine große Nation.

Der *Tschang* rinnt durch unsere Kehlen. Ein Prost nach dem anderen. Mein Gesprächspartner hat hinter seiner Kapuze eine sehr persönliche Art, seine Biere zu schlucken, die mich an irgendein merkwürdig tierisches Schlürfen oder Schlabbern erinnert. Die Brüderschaft der Trinkschalen wird zum leichten Rausch, zur Sympathie, ja sogar zur Empathie (das ist so bei mir: bei einem Kongress von Wasserköpfen müßte ich unbedingt den dicksten Kopf haben). Ich verspüre am ganzen Körper die unglaubliche Extase, Yeti zu sein... Zwischen zwei gefüllten Schalen fallen mir wahre Salven an Geschichten und Gedichten ein. Der Yeti sagt, er habe in einem seiner zahlreichen Ehedems einen großen wiedergeborenen Lama gekannt. Dieser *Tulku* hatte das Pech, auf eine tugendhafte, aber geschwätzige Mutter zu treffen, die seine Religionsausübung gewaltig störte. Als er dann starb, beschloß er daher, das nächste Mal bei einer taubstummen Mutter wiedergeboren zu werden, wodurch er ganz schnell einen Berg von Verdiensten anhäufen konnte. Etwas später fragt mich mein Gesprächspartner, ob ich wisse, warum ein Kind bei seiner Geburt eine so feste Faust macht, hahaha, und beantwortet die Frage sofort: weil es in seiner Hand einen Diamanten hält, der alle Wünsche erhört, und nicht will, daß man ihn him wegnimmt. Jedes Gebet rührt ihn, er vertraut mir an, daß jedesmal, wenn er einen Felsen hinauf zum Bergkamm rollt, eine seiner liebsten Übungen, sein Glück größer wird - was mir, wahrscheinlich wegen meiner lächerlichen Kondition, nicht ganz einleuchtet. (Ein glücklicher Sisyphus, da muß man schon in diese seltsame Gegend kommen, um so etwas zu sehen, denke ich mir...) Die Becher kreisen unaufhörlich, irgendwo in dieser Höhle muß eine Gerstenbierquelle sprudeln. Der Wunsch, vor dem Zusammenbruch zu gehen. Ich seufze.

– Diese Nacht ist hart, *Sir.* Ich muß zu meinen Kameraden zurück, sie sind sicher schon beunruhigt.

Ein überraschtes Krächzen antwortet mir, bedrohlich und bekümmert zugleich:

Yeti: – Von welcher Beunruhigung sprechen Sie? Ich denke doch, daß Sie hier in Sicherheit sind! Und was soll Ihren Kameraden schon geschehen? Daß eine dieser schreienden Rothäute sie für Teufel hält und nackt an einen Marterpfahl nagelt? In diesem Extremfall können Sie auch nichts tun. Andererseits, wenn sie noch am Leben sind, was doch wahrscheinlich ist, warum sollten Sie dann jammern?

Ich wechsle verblüfft das Thema, habe aber doch den starken Eindruck, daß dieser Yeti der Frage ausweicht. Übrigens weicht er jetzt jeder Frage aus. Er stimmt tibetische Lieder von gräßlicher Nostalgie an, fordert mich auf, ›Bruder Jakob‹ zu singen, gerät in Verzücken über den Klang der westlichen Glocken, mit denen ich persönlich, wie ich ihm sage, ›nichts am Hut habe‹. Ich gebe ihm dieses Beispiel der Umgangssprache, weil er sich, wie er sagt, für die Entwicklung der französischen Sprache interessiert, obwohl er bis jetzt nichts kennengelernt hat, was der Prosa von Alexandra David-Neel gleichkommt. Er besitzt alle ihre gedruckten Werke (in seinem Gedächtnis) und zitiert, irgendwie mit dem Unterkiefer klappernd, die Stelle, an der die Forscherin über ihre Entdeckung Tibets berichtet.

Yeti: – Ein Meisterwerk des gelüfteten Geheimnisses, das

das noch viel größere Geheimnis der Schönheit aufzeigt. Hören Sie zu: ›Und immer noch stieg der Weg, an riesigen Gletschern entlang führend. Zuweilen ließ er den Einblick in geheimnisvolle Seitentäler frei, angefüllt mit dichten Wolkenschwaden. Dann plötzlich, ohne jeden Übergang, blieb die Nebelwelt hinter uns, und vor uns lag die riesige tibetische Hochebene...‹. Und diese Stelle über den Gesang der Mönche? ›Wie die Wasser eines tiefen Stromes floß die Melodie in Moll dahin, glatt, ebenmäßig, leidenschaftslos. Eine unendliche Trostlosigkeit ging von ihr aus. Es war, als ob der ganze Schmerz der Wanderer, die seit Anbeginn aller Zeiten verurteilt sind, von Welt zu Welt umherzuirren, sich hier in einem müden, verzweifelten Klagelaut hätte Luft machen wollen...‹. Dieses ›hätte Luft machen wollen‹, welch eine Wonne. Hier wird die französische Grammatik zur höchsten Poesie... Was denken Sie über die Vergangenheitsform des Konjunktivs?

Ich antworte zu schnell, daß diese Sache, die das blauweiß-rote *Karma* so häufig gefährdete, heute nur noch für verknöcherte Schriftsteller zum Überleben notwendig ist. Eine Unvorsichtigkeit: Nun entrüstet er sich über die schlechte Behandlung einer Sprache, die er mit solcher Mühe bis zur Perfektion erlernt hat. Seine glucksende Stimme, vom *Tschang* bereits entstellt, den er weiterhin unter seinem Cape in sich hineinschüttet, wird zum Wirbelsturm und läßt die Grotte erzittern. Die beiden Tibeter halten die Schalen auf dem Tisch fest. Erhobener Daumen bedeutet mir, weiter zu reden, zu reden! Es ist, als wenn unser Leben davon abhinge. Der Yeti trommelt mit beiden Pfoten gegen das Gewölbe, von dem Staub und Schutt herabfallen. Ohne nachzudenken zitiere ich Verse von Michaux, Enzensberger und Larkin, aber erst Rainer Maria Rilke, der einzige Dichter, der sich ein wenig in Tibet auskennt, kann dem Geschrei langsam ein Ende bereiten.

Buddha.
Als ob er horchte.
Stille: eine Ferne...
Wir halten ein und hören sie nicht mehr.
Und er ist Stern.
Und andere große Sterne, die wir nicht sehen, stehen um ihn her...

Der Yeti wiegt seinen gewaltigen Oberkörper hin und her, ergriffen und gezähmt zugleich. Gelobt sei Rainer Maria!

Aber mein Gedächtnis läßt mich im Stich, Rilke ist ihm entfallen. Er wartet auf die Fortsetzung, die nicht kommt, passt den Moment ab, an dem ich ihm voller Panik Auden und Rimbaud vorsetze. Der Zorn steigt aufs Neue. Erhobener Daumen sagt schnell die *Sutra* der Vollkommenen Weisheit auf. Vergebens. Der Yeti gerät außer sich. Nicht mehr die Vergangenheitsform des Konjunktivs, sondern die Epoche selbst, unsere ab-scheu-li-che Epoche der Zerstörung, ist jetzt schuld; sein Gebrüll wird immer lauter, ein Unwetter entfährt seinen Lungen und läßt die Kapuze erbeben. Plötzlich läßt ein furchtbarer Schrei den Stoff hochfliegen - und ich sehe ihn, wir sehen ihn den Bruchteil einer Sekunde ohne Maske, bis er sie wieder eingefangen hat: eine rote, affenartig behaarte Fratze, riesige gebogene eierschalenfarbene Eckzähne, die über rosigen aufgesprungenen Lippen hervorstehen, kugelförmige Augen, schwarz und feucht - das Gesicht wildester Leidenschaft.

Die Tibeter rundherum nehmen mich bei den Händen, damit ich nicht umfalle und flüstern:

– Gehen wir. Er wird nichts mehr sagen... Grüßen Sie ihn!

Ich hebe meine aneinandergelegten Hände in Brusthöhe, verbeuge mich vor der Legende, betäubt vom Pech und vom *Tschang. Namo Buddhaya, Namo Dharmaya!* Der dicke, unter der Kapuze versteckte Kopf fällt zwischen den Bierkrügen auf den Tisch. Der Asket hat sich nicht von seinem Zuber weggerührt.

Draußen geht die Sonne über dem Chaos der Welt auf. Weiße Dampffetzen geben die darunterliegenden Wasserflächen frei. Die Yaks stehen immer noch bewegungslos wie Dolmen aus schwarzer Wolle auf ihren Beinen. Erhobener Daumen sagt in seinem Bergsteiger-Slang zu mir:

– Total besoffen, der Migu, aber er ist ein großer Chef... Wir kommen manchmal beim Trinken zu einer größeren geistigen Dimension... Machen Sie sich keine Sorgen um ihn. Der Asket wird ihn nachher in seine Höhle am Mount Meru zurückbringen, ein verflucht großer Guru, dieser Asket, mit ungeheuren Visionen!

Mir ist, als hätte ich auch welche. Oder als hätte ich welche gehabt.

Wir stolpern über das Geröll hinunter bis zur chinesischen Kaserne. Alles schläft noch. Die Tibeter bleiben am Tor stehen:

– Gute Heimkehr, mein Freund!, sagt Erhobener Daumen. Wenn Sie das Glück haben, Seine Heiligkeit in Dharamsala zu treffen, sagen Sie Ihm, das wir alle unser Leben lang seine frommen und treuen Gefolgsleute sind und sein werden.

Ich sehe die drei ins Tal hinuntersteigen, kleine aktive Gestalten, die auf und nieder hüpfen. Mein Blick schweift über die Bergkämme bis hinüber zu der Grotte, in der die Legende schnarcht. Trotz des hohen Grades seiner Bildung und seines Patriotismus ist dem Yeti wohl doch ein Großteil seines tierischen Wesens geblieben, und sein Übergang zum Menschsein ist nicht so sicher wie die Verdammung seines Wanzenfreundes. ›Eine winzige Liederlichkeit begehen‹, sagte er, ›eine kleine Gemeinheit, durch die alles noch etwas aufgeschoben würde...‹ Er hatte nicht Unrecht: Wenn es schon nicht leicht ist, eine Legende zu sein, so ist es doch auch nicht leicht, ein Mensch zu sein. Ich halte einen kleinen autobiographischen Rückblick, während ich mich am Rükken kratze (ein Floh?). Als ich die Tür zu dem Viererzimmer öffne, in das man mich gesteckt hat, weiß ich weniger als zuvor, ob ich im Zustand des Menschseins verharren kann - oder ob ich beim nächsten Mal zu diesem Vogel mit gezackten Flügeln werde, der kreisend herabstürzt, um am Rande der Behausungen die Überreste eines Toten zu verschlingen, oder dieser gestreifte Wildesel, verloren auf Steinen, ohne Zaum und Zügel, der einfach nur der aufgehenden Sonne entgegen zieht.

Gott glorifizieren

Die tibetische Oper, der Sieg des Guten über das Böse

Thantog Gyalpo war ein großer Mystiker. Dieser Geistliche schuf vor 500 Jahren die tibetische Oper.

Die Oper ist ein Opfer an den Geist der Erde...

...die letzte Volksfreude der Tibeter.

Die Kehrseite des mystischen Dekors

Das Kind bekommt seinen Anteil am Traum in den Kulissen der buddhistischen Mystik.

*Das Theater, die Oper
sind die Zuflucht
der unzerstörbaren Weiblichkeit
der Tibeterinnen*

In den Bergen teilen sich
Männer und Yaks
den Transport von Lasten.

Die Fährmänner
von Buddhas Rubikon

Die Frömmigkeit
im Morgengrauen

Geist und Körper sind im Gebet vereint.

Der Fluß Brahmaputra bringt bei Schneeschmelze ebensoviel Leben wie Verheerung.

Pferde und Männer

Ernte auf dem Dach der Welt

Sklaven ihrer Ländereien,
von den Chinesen umzingelt,
verweigern die Tibeter
jedoch erfolgreich
die kulturelle Anpassung

Die Schäfer

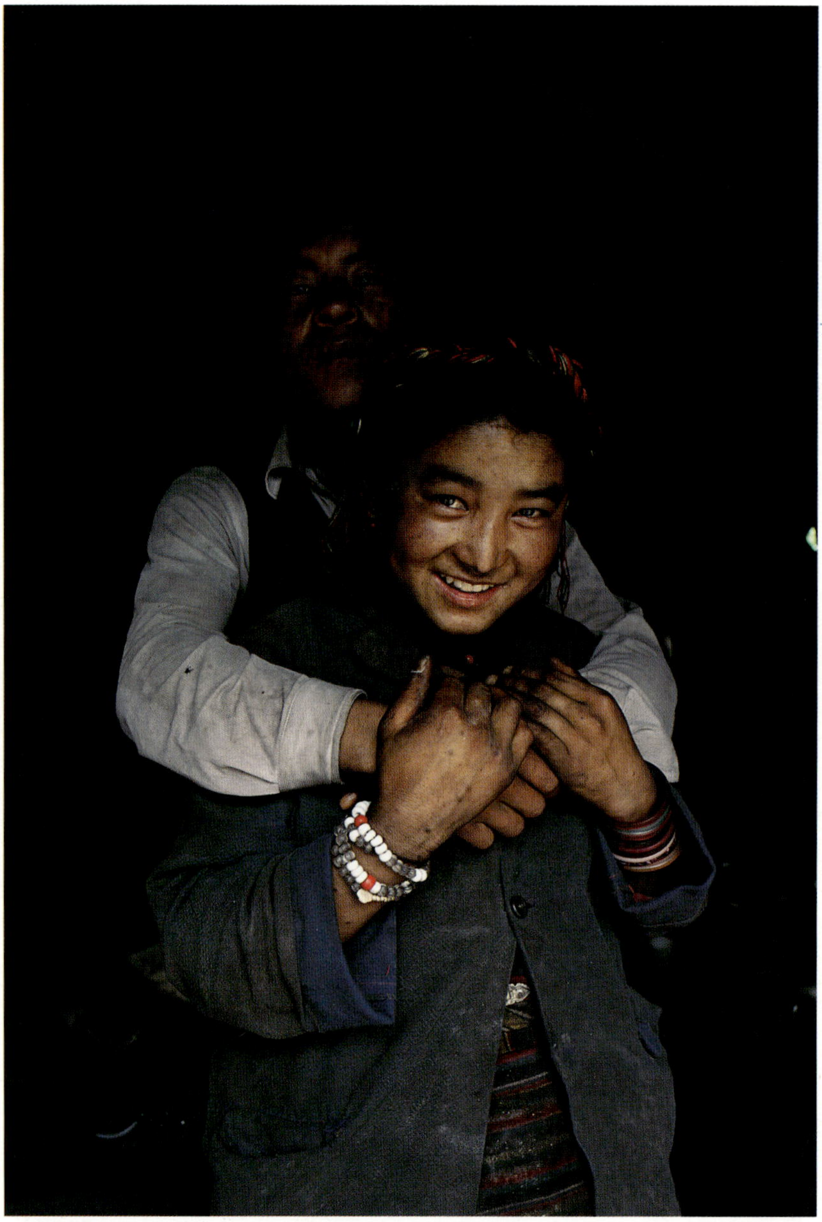

Im Gegensatz zu den Chinesen haben die Tibeter
Anrecht auf kinderreiche Familien.
Die Kinder
Widerstand.

Ein bewegliches Volk

Bei jedem Halt ist das Feuer für die Nomaden eine Erinnerung an das Leben.

Die „menschliche" Transhumanz

Ganz Asien im öffentlichen Verkehr.

Lhasa, kleiner Marktflecken,
Hauptstadt des Eifers.

Die Pilger waren monatelang unterwegs, um Buddha nach den Wegen der Weisheit zu befragen.

Der Tee ist eine Zuflucht.

Die Karten und kochender Tee - die Aufnahme ganz Asiens.

Altüberlieferte Fröhlichkeit...
jahrtausendealte,
lästige Aufgabe.

Eine zweifach lächerliche Welt.
Der Slow der Besatzungsmacht...

...gegenüber dem Rock des Besetzten.

Süßes tibetisches Leben.
Wie in England bleibt man
sonntags beieinander,
bei einem Picknick findet man
wieder zu sich selbst zurück.

Wie alle Besatzungsmächte
bringen die Chinesen
in ihren Kastenwagen
die Mittel zur Verführung.
Hier die Photographie.

Das Kind und der Zauber

Die Fröhlichkeit des Siegers

Im März 1959
taucht Maos China Tibet
in ein Blutbad.
Die geistigen Kräfte überleben.
Die innere Freheit
der Tibeter schützt sie
vor der Kollaboration.

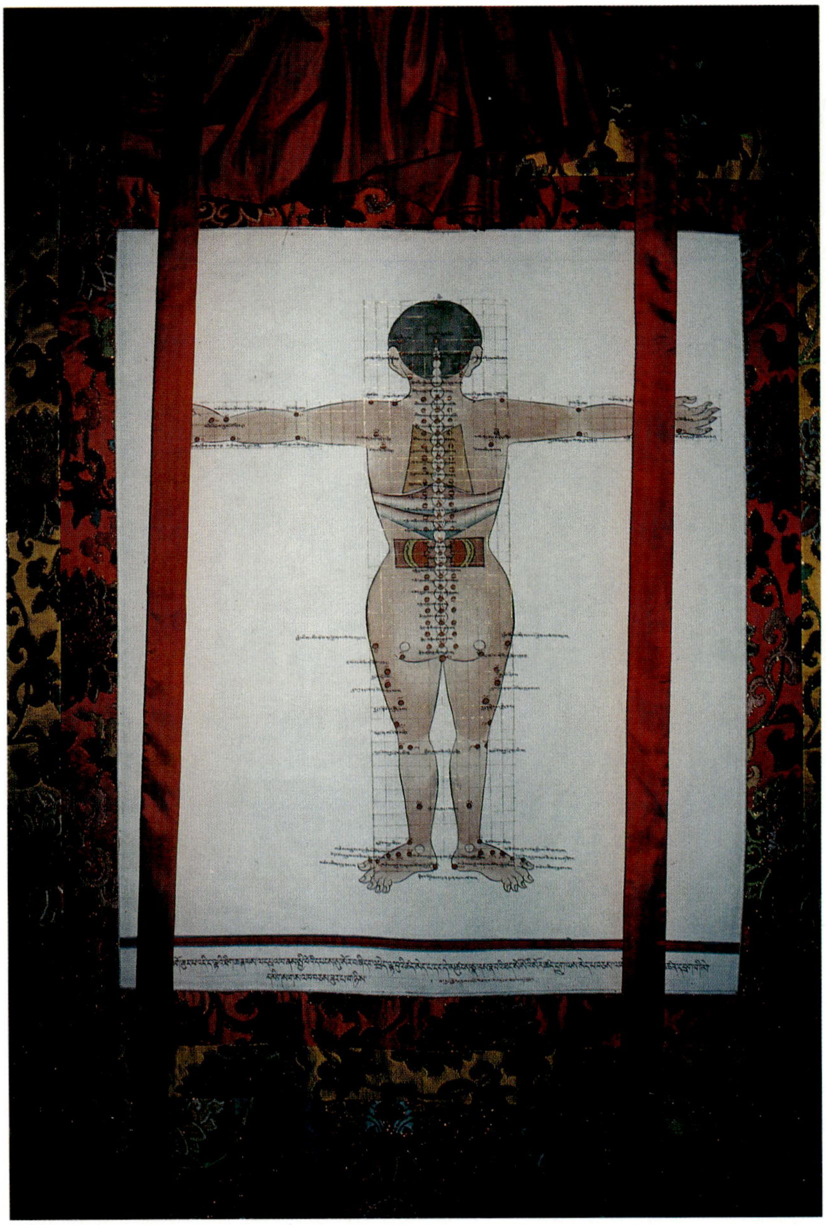

Seltsames Treffen der Kunst
und der Medizin,
diese Tankhas sind
die Comic-Strips der Heilung
auf tibetische Art.

Es existiert eine eigene tibetische Medizin. Sie ist weder europäisch, noch chinesisch, sondern beruht ausschließlich auf den Eigenschaften der Pflanzen.

Man entdeckt die Geheimnisse der Kenntnis und der Heilung,
wie man einen Plakatanschlag liest.

Das tibetische Heim, Zärtlichkeit, die fridvolle innere Einkehr sind noch ein Widerstand gegen die chinesische Präsenz.

In 8 000 km Entfernung von Berlin die Kontraste des Expressionismus

Die Chinesen hatten
das Tibetische untersagt.
Aber es ist noch niemandem gelungen,
eine Kultur zu ermorden.
Heute lernen die Kinder
auf einer Art Tafeln die Sprache
ihrer Vorfahren.

Die unbeweglichen Wege des Wissens

Gleichung der inneren Freiheit :
die Religion, der Handel,
die Kultur.

Die künstlerisch begabten Mönche haben die Götter aus ihren Tempeln geholt.
Indem sie sie auf Felsen malen, haben sie sie wieder in das Chaos der Schöpfung gestellt.

Die Agora des Buddhismus

Der Platz des Jokhang ist das Zusammentreffen des Geistigen mit dem Alltäglichen...

Das Leben ist ein Goldkreis

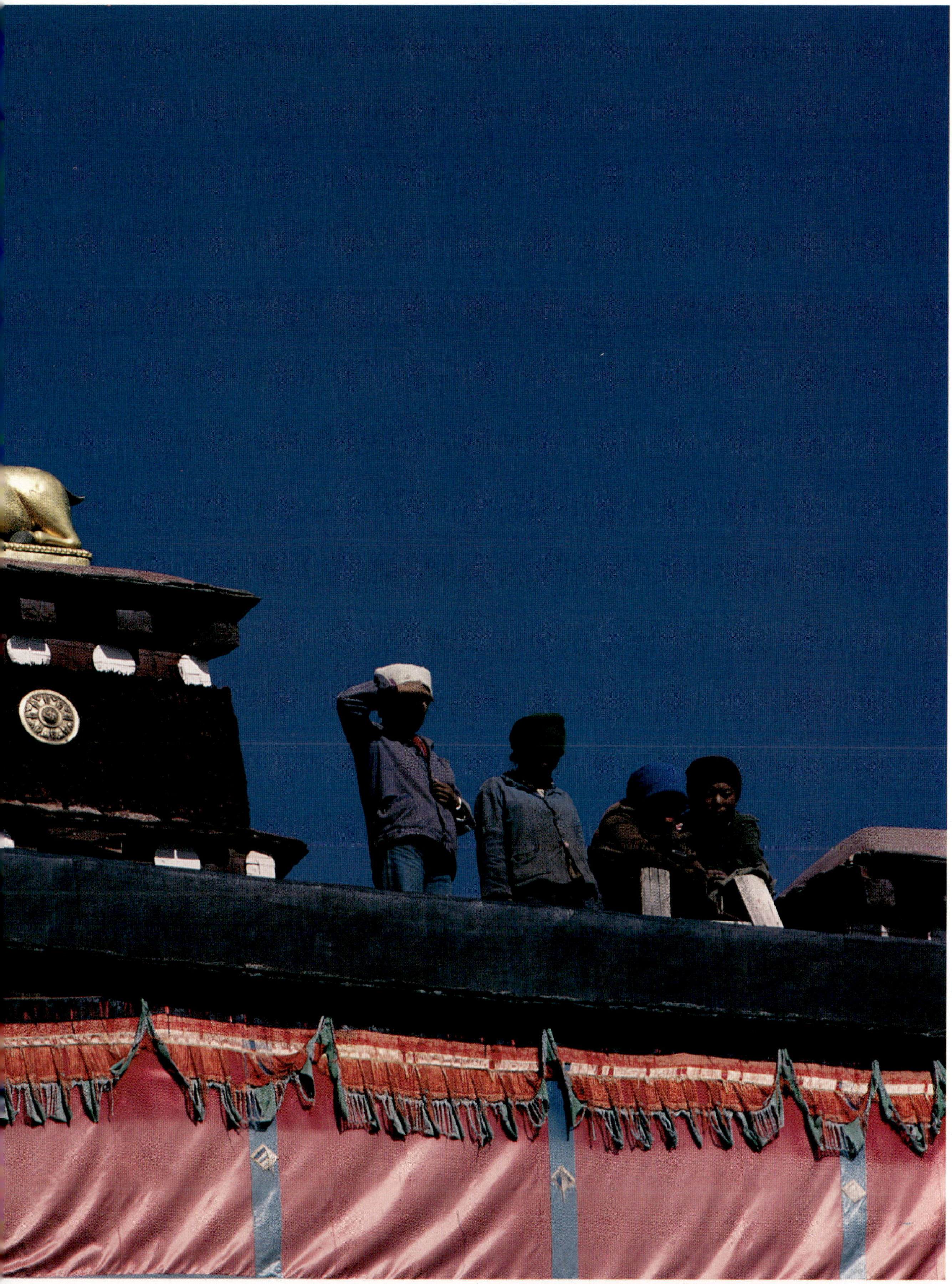

Der Jokhang ist die Kathedrale des Buddhismus.
Der Goldkreis symbolisiert die Einheit aller Dinge. Er ist Buddha selbst.

Die von Siddharta Besessenen.

Barkhor, altes Viertel von Lhasa.
Pilger von überallher machen es
zum Zentrum ihres Eifers.

Hier kulminiert Buddha

Lhasa, die Hauptstadt, war Ausländern einst untersagt. Heute hat sie ihre Türen geöffnet, aber sie bewahrt ihre Geheimnisse.

Die Schüler lesen immer wieder
die Reime der Weisheit.

Der buddhistische Glaube
wird von Generation
zu Generation weitergegeben.
Man erhält ihn schon
in der Kindheit und er geht
ohne Ansehen der Jugend bis
ins Erwachsenenalter über.
Er sorgt dafür,
daß man das Alter nicht spürt.

Das Prinzip der Klöster
ist die Autarkie.
Die Mönche haben überlebt,
weil sie dem auf Gleichheit
gerichteten Totalitarismus
den einzig möglichen Widerstand
entgegengesetzt haben :
die Passivität in der Selbstgenügsamkeit.

Die Sherpas der Dialektik

Während der Wortgefechte schmähen sich die Geste und das Wort.

Zwanzig bis dreißig Jahre
sind notwendig, um Mönch zu werden. Zwanzig bis dreißig Jahre,
bis man die Mantras auswendig beherrscht. Zwanzig bis dreißig Jahre,
um an das Wissen heranzukommen.

Die geste der Gebete.
Im Handumdrehen zelebrieren
Gläubige um die Mühlen
den größten Ruhm Gottes.

Die Hüter des Buddhismus
Der Pilger unterstellt sich
ihrem Schutz.

Das ewige Licht

Für Buddha, den „Wachenden“ gibt es keine Nacht.

Der Bewacher der Weisheit

Der Buddhismus, eine Religion ohne Gott, ist trotzdem von einer Gottheit geschützt.

Das Opfer.
Die Lampen brennen mit Yakbutter.
Die Lehre Buddhas ist ewig.

Der in Dharamsala im Exil lebende XIV. Dalai Lama verleiht der wahren Weisheit des wirklichen Tibet Ausdruck. Es ist ein leidenschaftsloser Kampf gegen die Herrschaft der Gewalt und der Ideologien. Er schreibt : « Die meisten unserer Übel kommen von unseren leidenschaftlichen Wünschen und unserem hang für Dinge, die wir fälschlicherweise für wesentlich und dauerhaft halten ».

Interview mit Seiner Heiligkeit, dem DALAI LAMA

Pierre TOUTAIN : Zunächst einmal möchte ich mich bei Ihnen dafür bedanken, daß Sie uns empfangen. Ich habe nach dem einen Monat, den ich in Tibet verbracht habe, den Eindruck gewonnen, daß die Chinesen in Tibet eine Menge getan haben : Straßen, Büros, Flughäfen für ihren eigenen Gebrauch. Im Kontrast dazu steht mein Besuch einiger Dörfer, wo ich festgestellt habe, daß nichts getan worden ist : keine Schulen und in einigen Fällen kein Strom. Es besteht ein sehr großer Unterschied zwischen der chinesischen Lebensweise und der tibetanischen. Wenn man alles das gesehen hat, scheint es sehr schwierig, fast unmöglich, daß Sie wieder nach Tibet zurückgehen.

Seine Heiligkeit, der DALAI LAMA : Es hat keinen Zweck, wieder zurückzugehen. Wir stehen in direktem Kontakt mit der chinesischen Regierung. Sie gibt vor, daß es in Tibet kein Problem gibt, und daß die Tibeter sehr glücklich sind. Nur eines stört sie : Ich, der DALAI LAMA, bin nicht im Land. Sie haben einige Vorschläge zu meiner Rückkehr gemacht, aber meine Rückkehr ist nicht wichtig. Was wichtig ist, sind die sechs Millionen Menschen, die hier leben. Wenn sie wirklich glücklich sind, wenn sie frei sind, oder sagen wir, das Recht auf freie Sprache haben, wenn sie freiwillig diese Situation akzeptieren, dann werden Hunderttausend Tibeter eventuell zurückgehen, einschließlich meiner Person.
Zur Zeit ignorieren die Chinesen das Grundproblem. Es ist zwecklos, zurückzugehen, hier bleibe ich ein freier Sprecher für die Tibeter. Obwohl wir uns in einer schwierigen Situation befinden, so haben wir doch die Wahrheit. Wir kämpfen nur für unsere eigenen Rechte. Wir werden außerhalb von Tibet bleiben. Die jungen Leute, die ein politisches Gewissen haben, ziehen es vor, daß ich außerhalb von Tibet bleibe ; sie möchten nicht, daß ich zur Marionette in chinesischer Hand werde, obwohl sie mich sehr gerne wieder zurückkehren sehen würden.

Pierre TOUTAIN : Ich habe einige junge Tibeter gesprochen, die mir gesagt haben, daß ihre Eltern mit den Chinesen sehr geduldig gewesen sind. Sie wollen jetzt kämpfen und einen Guerillakrieg gegen die chinesische Armee beginnen ; können Sie mir sagen, ob diese Art der Reaktion neu in Tibet ist ? Ich weiß, daß Sie natürlich mit Gewalt nicht einverstanden sind, aber meinen Sie, daß da eine neue Generation kommt mit neuen Ideen darüber, wie die Freiheit erlangt werden kann ?

Seine Heiligkeit, der DALAI LAMA : Ja, es scheint, daß die jungen Leute einen gewalttätigen Weg gehen wollen, Sie wollen Waffen tragen und kämpfen. Sie nehmen die afghanischen Guerillas und die Palästinenser zum Vorbild. Ich glaube, daß dies unpraktisch ist. Manchmal kritisieren sie mich und sagen, daß ich zu weich bin.

Pierre TOUTAIN : Die Jugend könnte vielleicht sagen, daß Sie zu weich sind, aber sie hat einen enorm hohen Respekt vor Ihnen. Nirgends auf der ganzen Welt habe ich eine solche Ergebenheit und Liebe nach 28 Jahren Exil gesehen : Sie sind immer noch das Herz Tibets. Sie weisen ab, was Panchen Lama sagt (der wichtigste religiöse Führer, den es in Tibet noch gibt). Sie sagen, daß er nur eine Marionette in der Hand der Chinesen ist. Was glauben Sie ?

Seine Heiligkeit, der DALAI LAMA : Im tiefsten Innern glaubt Panchen Lama immer noch und bleibt ein Freiheitskämpfer unter einem streng kontrollierten Zustand des Totalitarismus. Er ist gezwungen, gewisse Dinge zu sagen, die gegen seine eigenen Begehren und seine Wünsche gehen. Wenn der Panchen Lama betont, daß Tibet sogar in der Vergangenheit ein Teil Chinas war, spricht er unter chinesischem Druck.

Pierre TOUTAIN : Sie besitzen sicher Neuigkeiten über den Wiederaufbau einiger Tempelanlagen. Wissen Sie, ob ernstzunehmende Pläne bestehen, diese wieder zu errichten ?

Seine Heiligkeit, der DALAI LAMA : An vielen Orten wird restauriert. Die örtliche chinesische Behörde akzeptiert endlich, daß all diese Arbeit ausgeführt werden muß. Nach außen hin soll ein positives Bild abgegeben werden, insbesondere der Touristen wegen, die Tibet besuchen. In manchen Fällen geben sie etwas Geld für den Wiederaufbau der Tempel, aber das wird hauptsächlich von den örtlichen Ansässigen getragen. Soweit ich weiß, werden die meisten dieser Tempel als Museen genutzt.
Niemand lebt darin, es werden keine religiösen Studien betrieben oder ernsthafte religiöse Praktiken. So sehen Sie, daß die Chinesen nur erlauben, daß die Leute in diesen Gebäuden herumlaufen. Es gibt keinerlei Gelegenheit für Studien oder Predigten. Der Buddhismus bleibt wie ein leerer Glaube ohne Wissen. Die religiöse Freiheit ist sehr oberflächlich, kann aber immer noch täuschen. Sogar der frühere amerikanische Präsident,

Der Dalai Lama, lebender Gott und von den Weisen in Lhasa gewählt, ist ein Demokrat der Seele.

Jimmy Carter sagte in der letzten Woche, daß er sich über die religiöse Freiheit in Tibet freue.

Pierre TOUTAIN : Da es in Tibet keine Möglichkeit für Studien gibt oder Mönch zu werden, können Sie von Dharamsala aus einige qualifizierte Lamas als Unterweiser zurück nach Tibet schicken ?

Seine Heiligkeit, der DALAI LAMA : Nein. Wir können keine Mönche schicken. Die Chinesen würden denken, daß der Dalai Lama sie im Namen der Religion für politische Aktivitäten schickt. Es ist unmöglich und nutzlos. In den letzten Jahren haben viele junge Tibeter, die Mönche werden und studieren wollten, keine Alternative gehabt, als nach Indien zu fliehen. Bisher sind etwa Tausend junge Mönche hierhergekommen. Sie betreiben ihre Studien in tibetischen Klöstern mitten in der tibetischen Flüchtlingsgemeinschaft. Zur Erhaltung der tibetischen Kuktur, des tibetischen Buddhismus, müssen sehr intensive und tiefgehende religiöse Studien betrieben werden. Zwanzig bis dreißig Jahre sind notwendig, um zum echten buddhistischen Studenten zu werden. Nichtsdestoweniger gibt es etwa fünftausend Mönche in Indien.

Pierre TOUTAIN : Haben Sie, Ihre Heiligkeit, eine Botschaft für unsere Leser ?

Seine Heiligkeit, der DALAI LAMA : Sie sollten der Welt mitteilen, daß die Anwesenheit der Chinesen Kolonialcharakter hat : Die Chinesen begehen einen demographischen Völkermord.

Der Dalai Lama bleibt trotz seines Exils der geistige Meister Tibets.

Die Kraft Buddhas besteht darin, daß er Gefangener weder von Grenzen, noch von heftigen Ideologien ist.
Dit tibetische Diaspora hat ihre Leidenschaftslosigkeit mitgeführt.
Wie diese nach Nepal geflüchteten Lamas.

Im Blick dieser jungen Monche im Exil
die Ewigkeit des buddhistischen Glaubens.

Die Kultur durch das Bild

Der Verlag Scheuble & Baumgartner dankt für Hilfe und Interstutzung:

Lhasa Hotel
拉萨饭店

Holiday Inn®
Asia • Pacific